《百里壮行任山河影像记》 编委会

主　　编：任　皓

副 主 编：朱丽媛　　仇　莉

编委会主任：王　毅

编　　委：谢　毅　　李昌林　　殷万香　　韩映勇

　　　　　马　渊　　李新兰　　张　宁　　马军妍

　　　　　马　亮　　曹　勃　　张　福　　李晓鹏

　　　　　冯顺恒　　陈锡文　　马小平　　马晓琴

　　　　　刘银娟　　卢娅婷　　巴维娜

行走的思政课

百里壮行任山河

任 皓 主编

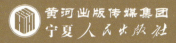

黄河出版传媒集团

宁夏人民出版社

图书在版编目（CIP）数据

百里壮行任山河影像记 / 任皓主编. -- 银川 ：宁
夏人民出版社，2024. 11. -- ISBN 978-7-227-08040-4

Ⅰ. G631-64

中国国家版本馆 CIP 数据核字第 20244753WC 号

百里壮行任山河影像记　　　　　　　　　　　　　　任　皓　主编

责任编辑　赵　亮　赵学佳
责任校对　杨敏媛
封面设计　姚欣迪
责任印制　侯　俊

 黄河出版传媒集团　宁夏人民出版社　出版发行

出 版 人　薛文斌
地　　址　宁夏银川市北京东路 139 号出版大厦（750001）
网　　址　http://www.yrpubm.com
网上书店　http://www.hh-book.com
电子信箱　nxrmcbs@126.com
邮购电话　0951-5052104　5052106
经　　销　全国新华书店
印刷装订　宁夏凤鸣彩印广告有限公司
印刷委托书号　（宁）0031117

开本　787 mm×1092 mm　1/12
印张　11.5
字数　100 千字
版次　2024 年 11 月第 1 版
印次　2024 年 11 月第 1 次印刷
书号　ISBN 978-7-227-08040-4
定价　108.00 元

读者朋友，当你翻开这本画册时，你一定会被画册里展现的一幅幅画面所吸引，因为这是一个真实的故事。在宁夏固原有这么一所学校，每年清明节，都要组织七年级师生徒步108里，前往任山河烈士陵园祭奠英烈。从1995年开始，已经坚持了29年。

　　故事要从一位校长和一篇文章说起。20世纪90年代初，时任固原二中校长韩宏读到《中国青年报》发表的一篇文章，标题是《夏令营中的较量》，作者是孙云晓。这篇纪实文学讲述了一个发生在当年"中日少年儿童联合探险夏令营"活动中的故事。中日两国的小朋友在夏令营活动中展现了"截然不同的精神风貌"。文章的核心主旨是：中日两国孩子狭路相逢，日本孩子胜。此文为那个年代的中国读者们，刻画了一个即便是在今天看来，都令人印象深刻的日本孩子的形象：一不怕苦，二不怕累，坚韧顽强，永不言败。而与之形成鲜明对比的是怕担责，爱抱怨，喊苦喊累，一碰就倒的中国孩子。针对中国孩子体质弱、抗压能力差的实际，1995年，韩宏校长作了一个大胆的决定：亲自带领七年级的全体师生徒步108里前往任山河烈士陵园祭奠英烈，挑战体能。同时，与任山河小学的师生们开展一次"城乡学生手拉手"活动，红色之旅就这样开始了……

　　时间一晃来到了2004年，固原二中为了创建示范性高中，原初中部经改制，注册成立为一所民办初中——弘文中学。校名变了，校长换了，但立德树人的使命不曾动摇。29年来，弘文人接力奋进、求索不息，不仅战胜了"非典"和新冠疫情的冲击，还妥善应对了舆论压力。29年来，孩子们对红色之旅意义的认识越来越深。从一开始的体能挑战到团队精神的觉醒，从爱国主义情怀的厚植到"行走的思政课"的形成，29年来，孩子们用自己的小脚丫书写了《紧握着小白花的人》《两代人同走一条路》《红色之旅——生命中不可缺失的记忆》等一系列催人泪下的故事，这恐怕就是我们要出版这本画册的初心吧！

29 年来，弘文中学的师生们用手中的镜头，连续不间断地记录了任山河壮行过程中的精彩瞬间。学生们互相激励、互相扶持，不屈不挠的精神展现无遗。教师和家长的细心陪伴，武警、公安战士的贴心呵护，医护人员的精心守护，共同构成了一曲波澜壮阔的奋斗进行曲，形成了"行走的思政课"最动人的篇章，谱写了重走新时代长征路上的固原实践。

集腋成裘，积沙成塔。定格画面，就是定格历史。当 29 年的画面累积起来，"行走的思政课"的厚重历史立时显现。镜头中的画面，用无声的语言，以穿越时空的既视感告诉人们，壮行凝聚成精神丰碑，蠹立在每届学生心底，让他们无论在何种条件下都能心怀大爱，脚踏实地，奉献青春，书写辉煌。

在《百里壮行任山河影像记》即将出版之际，感谢各级领导多年来对弘文中学一贯的关怀支持，感谢社会各界多年来的鼎力相助，感谢家长的密切配合，感谢学生的积极参与，也感谢为本书提供图文资料、编辑校对的台前幕后的工作人员。正是大家的同心合力，才有了这部作品的面世，也正因为凝结了众多人的心血，这部作品方显得厚重和庄严。

回首山河，岁月斑斓。愿美好与大家共存，让我们各美其美、美人之美、美美与共、天下大同。

任皓

2024 年 11 月 1 日于固原市弘文中学

目 录

序章

从 1995 年开始，固原市弘文中学每届初一新生在清明节前后便有这场特殊的仪式，并延续至今。一届又一届的新生们，一天之内徒步 54 公里，从学校往返任山河烈士陵园，用这种方式缅怀先烈。这份坚定与执着已经延续了 29 年。

（拍摄于 2024 年 4 月 3 日）

理想信念　不忘初心使命

力走好新时代长征路

连续 29 年
徒步 108 里

风雨无阻
祭慰英烈

1996 年，第二次任山河徒步活动中途。

上图：学生们席地而坐。满地的沙土和砾石也阻挡不了他们的热情。

下图：学生们围坐一圈，欣赏表演，给徒步活动带来了别样的风采。

（拍摄于 1996 年 4 月 4 日）

师生同坐，稍作休整，一起欣赏文艺表演。

任山河之行

——有感于弘文中学 26 年风雨无阻徒步任山河烈士陵园扫墓

王怀凌

允许天降雨雪，道路泥泞
允许孩子们走出书斋，用脚板丈量 54 公里的坎坷人生
天不亮就出发

世界何其辽阔，山高水远
允许举目无亲
允许痛，允许泪，允许跌倒了再爬起来

允许大手拉小手

无数双手紧紧地拉在一起

每一根指尖都传导力量和爱

允许草木摇摆

大树目送小树

山花一路陪伴，明媚前程

允许担忧，允许欣慰

允许雨水与汗水胶着的钢盔铁甲

允许我在窗后坐卧不宁

允许背影越来越远，越来越模糊

越来越小

越来越大……

薪火相传

催人奋进

每年清明节凌晨 5 点踏上征程，翻山越岭，徒步 54 公里，15 个小时，在缅怀和徒步行走中传承红色基因，在传承红色基因中坚定理想信念，在坚定理想信念中汲取奋进力量，在汲取奋进力量中铸造学生意志品格，这是学校 29 年坚持与传承的初衷。

　　为了确保师生充分了解活动，在行走中有所获、有所悟，每年活动前一个月，学校依据细致、完整的活动方案，各部门分工明确、各负其责，通过班主任会、年级晨会（国旗下演讲）、师生动员大会、主题班会、主题板报等不同形式，对师生进行广泛动员、教育；组织初一学生观看介绍红军长征、解放战争，特别是解放宁夏的第一仗——任山河战斗的音像视频。年级组，班主任、音乐教师配合，组织学生学唱革命歌曲；年级、班级，思政教师、语文教师协同联动，组织阅读校本教材收录的《永远的红飘带》《追寻·感悟》《成长的足迹》《红色之旅》《百里壮行》等文章，学习任山河革命烈士的感人事迹，分享历年来徒步任山河活动中的动人故事；年级、班级，体育老师协同，按计划对学生进行体能训练，并进行达标考核。活动前夕，学校特别召开隆重的动员大会和授旗仪式，相关学科按计划给学生明确任务。印发《致家长的一封信》，和家长建立起统一阵线。学校各部门、各学科联动，从信念、知识、体能等方面对学生进行动员准备。

固原市弘文中学第二十六次任山河烈士陵园扫墓活动授旗仪式暨动员大会。（拍摄于 2021 年 3 月 27 日）

活动前的一个月，学校有计划地对学生进行体能训练，集体列队行走，走"鸭子步"……汗水沿着孩子们的脸颊滑落，未能减缓半分前行的节奏，反而在晨光中闪耀出坚毅的光芒。这不仅是一场体能的考验，更是一次心灵的洗礼。青春在此刻，以最质朴的方式，向不朽的英魂致以最崇高的敬意。（拍摄于 2024 年）

寻证初心

传承信仰

清明节,一个不同寻常的日子。凌晨5点,队伍从学校整装出发,踏上征程,穿山越岭,徒步54公里到达任山河烈士陵园。

陵园内,整个队伍庄严肃穆,全体师生举行隆重的祭奠仪式,向革命烈士敬献花圈,聆听师生代表演讲。全体师生在雄伟的纪念碑前庄严宣誓,瞻仰纪念碑下方两侧整齐排布的烈士墓冢,轻轻擦拭墓碑,献上一朵朵小白花,伫立默哀。

祭奠仪式结束,大家参观陈列馆,休息片刻,便开始返程。返程途中,年级协调,班级推进,小组合作,在充分保障安全的基础上,尽可能让每一位同学挑战自我,完成徒步全程。晚上8时许,全体师生返校集合,接受校长、家长、群众、媒体的检阅。

从天还未亮到夜色已深,活动历时15小时。

2021 年任山河烈士陵园扫墓活动启动仪式现场，春寒料峭，纷飞的雨雪也阻挡不了师生们的热情和决心。全体师生举起右拳，庄严宣誓，定当走完全程。（拍摄于 2021 年 4 月 1 日）

天未亮，雨未停，学生们身着雨衣列队准时出发，家长们冒雨送行。
（拍摄于 2021 年 4 月 2 日）

光影流转，映照着继续前行的队伍，映照出师生们的
笑容和朝气。两名护旗手高举旗帜，坚定地走在队伍
前方。（拍摄于 2014 年 4 月 3 日）

学生在学唱革命歌曲。

（拍摄于 2024 年 3 月 6 日）

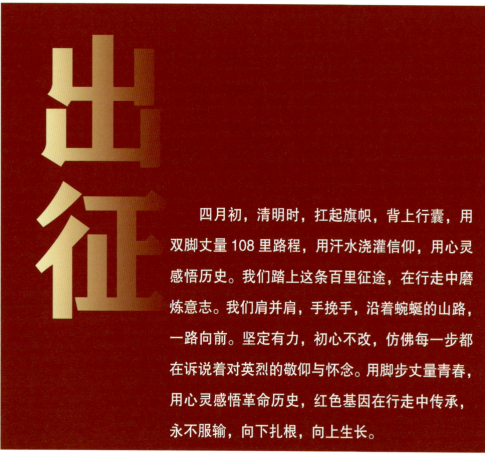

出征

四月初，清明时，扛起旗帜，背上行囊，用双脚丈量108里路程，用汗水浇灌信仰，用心灵感悟历史。我们踏上这条百里征途，在行走中磨炼意志。我们肩并肩，手挽手，沿着蜿蜒的山路，一路向前。坚定有力，初心不改，仿佛每一步都在诉说着对英烈的敬仰与怀念。用脚步丈量青春，用心灵感悟革命历史，红色基因在行走中传承，永不服输，向下扎根，向上生长。

蓝天白云，红旗飘扬，各班列队参加任山河徒步活动启动仪式。
（拍摄于 2017 年 3 月 21 日）

晨光初照，照在倔强的土地上，照在孩子们稚嫩的脸庞上。孩子们的笑容里有掩盖不住的激动与兴奋，行进中的疲惫在这笑容中化解。

（拍摄于 2014 年 4 月 3 日）

行进中的队伍。

（拍摄于 2015 年 4 月 2 日）

长长的队伍如蜿蜒的巨龙，行走在大西北黄土高原的山间，凝聚着力量，承载着希望。（拍摄于 2014 年 4 月 3 日）

行进至黄峁山了。这是行进途中的第一个难关，相较于平路，走山路更加耗费体力。孩子们有的拄起了木棍，有的逐渐掉队，但稚嫩的脸庞依然透出坚定。前进，继续前进。

（拍摄于 2014 年 4 月 3 日）

翻过黄岽山了。大家继续保持队形，行进在山间崎岖的道路上。

（拍摄于 2014 年 4 月 3 日）

打声招呼。"还好吗？""我们还好，胜利就在前方。"

（拍摄于 2014 年 4 月 3 日）

大西北的山川与行进中的队伍，构成了一幅和谐美好的画面。

阳光明媚，途中休息，三个少年坐在山间小路上，沾满尘土的裤脚、鞋子，带着青春的朝气。他们或低头喝水，或吃着香蕉，或对着镜头露出阳光般的笑容。远处山峦起伏，蓝天白云，映衬着少年们纯净的笑容，让人感受到一种温暖的力量，一种对未来的美好期许。
（拍摄于2014年4月3日）

红旗猎猎，少年意气风发。他们身着整齐的校服，步伐坚定，目光中充满对未来的渴望。两面鲜艳的红旗在他们手中高高飘扬，仿佛在宣告青春的活力。他们用自信的步伐，朝着梦想的方向前进！（拍摄于2015年4月2日）

阳光热烈，映照着少年们朝气蓬勃的面庞。他们步伐坚定，洋溢着青春的活力。鲜红的旗帜在他们手中高高飘扬，仿佛一团熊熊烈火，点燃他们对未来的梦想！他们用热情书写着青春的壮丽篇章！这份热情感染了随行的家长，举手比个"耶"，还是那个青春少年！（拍摄于 2015 年 4 月 2 日）

随行人员跟进队伍，保证学生安全。（拍摄于 2019 年 4 月 3 日）

张开臂膀，"任山河，我们来了！"（拍摄于 2019 年 4 月 3 日）

来，对着镜头，为自己加油！（拍摄于 2024 年 4 月 3 日）

在老师的带领下，队伍从远处走来。鲜红的旗帜飘扬，像一团温暖的火焰，照亮前进的路。

（拍摄于 2014 年 4 月 3 日）

山间土路崎岖难行，行进队伍却如来时一样整齐划一。一个人可以走得很快，但是一群人才能走得更远。（拍摄于 2014 年 4 月 3 日）

白雪覆盖着大地，远处的山峦披上了银装。少年们踏着积雪，步伐坚定地向前迈进。鲜红的旗帜在寒风中飘扬，仿佛在诉说那段峥嵘岁月。他们坚定地走在时代的道路上，朝着梦想的方向前进，展现出新时代青年的蓬勃朝气和爱国情怀。
（拍摄于 2024 年 3 月 6 日）

冬日的阳光照亮了雪后的山坡。孩子们胸前的红领巾鲜亮，灿烂的笑容、可爱的脸庞充满了对远方的期待，对未来的向往。（拍摄于 2024 年 3 月 6 日）

白雪覆盖了大地，寒风吹拂着面庞。那些年，红军战士爬雪山，过草地，为今日之幸福生活抛头颅，洒热血。而今，少年们在雪地中徐徐前行，留下一串串脚印。（拍摄于 2024 年 3 月 6 日）

徒步中孩子出现身体不适，随行的蓝天救援队队员提供医疗救助。

（拍摄于 2024 年 4 月 3 日）

蓝天救援队的队员带队走在最前方，随时排查前方危险，保障行进队伍安全。（拍摄于 2017 年 4 月 1 日）

倒水，安慰。路途中有任何不适的孩子都会在第一时间得到来自同学、蓝天救援队、随行老师和家长的帮助。（拍摄于 2019 年 4 月 3 日）

孩子红扑扑的脸庞是一路坚持行走的证明。

别怕，摸摸额头，来点水降降温。蓝天救援队队员正在帮助身体不适的孩子。
（拍摄于 2019 年 4 月 3 日）

面对镜头，孩子们一扫疲惫，朝气蓬勃，热情洋溢，展现出新时代少年积极乐观的精神风貌。（拍摄于 2014 年 4 月 3 日）

"地上本没有路，走的人多了，也便成了路。"山间荒草地上，这一抹红和一群蓝衣少年行走出了一条前进之路，构筑成一道亮丽的风景线。（拍摄于 2015 年 4 月 2 日）

一路红旗招展，师生们在行进途中列队整齐，稳步前行。

（拍摄于 2015 年 4 月 2 日）

雨雪交加，山路泥泞，一个孩子的鞋深深地陷在泥里。孩子把鞋拔出来，继续前行。（拍摄于 2021 年 4 月 2 日）

孩子们在雨雪中前行，雨雪太大，打湿了裤腿，泥泞沾满了鞋子。队伍翻过黄岽山后，孩子们卷起裤脚，稍作休整。（拍摄于 2021 年 4 月 2 日）

雨雪、寒风、泥泞的山路，挡不住前行的少年。他们穿上雨衣，拄着木棍，保持队形，坚定地走向前方。（拍摄于 2021 年 4 月 2 日）

肆虐的雨雪，弥漫的大雾，重重困难考验着全体师生。同学们拔出陷入泥中的鞋子，继续前行。

（拍摄于 2021 年 4 月 2 日）

山间的浓雾盖不住少年的热情，泥泞的山路挡不住前行的意志。孩子们互相扶持，共同前行。

（拍摄于 2021 年 4 月 2 日）

雨雪越下越大，雾气越来越浓，队伍行进不止，红色、黄色的帽子连同蓝色的雨衣交织成山间一道最美丽的风景线。（拍摄于 2021 年 4 月 2 日）

眼前有山河，心中有家国！弘文中学风雨无阻的任山河之行，真正让爱国主义在学生们心中生根。坚定的红色信念铸造学生的思想堡垒，让信仰之火生生不息、红色基因代代相传。

校旗飘扬，班旗招展，师生们在蜿蜒崎岖的山路上坚定前行。（拍摄于 2023 年 4 月 1 日）

缅怀

一年又一年、一届又一届的传承，任山河之行已从最初单纯磨炼学生意志力的体能锻炼，丰富成为一节"行走的思政课"。学校把党的创新理论最新成果和固原红色文化的深厚底蕴相结合，把学生的家国情怀和对信仰理念的坚守，厚植在一次次行走中，并不断升华。

向烈士纪念碑敬献花篮，肃穆庄重，默哀致敬。我们低头沉思，缅怀先烈的丰功伟绩，感恩先烈的牺牲与奉献；我们擦拭墓碑，默默把先烈的姓名谨记心间。这一刻，我们与英烈们的心灵紧紧相连，共同守护着这片神圣的土地。

学生代表敬献花篮，寄托哀思。

（拍摄于 2018 年 4 月 3 日）

孩子们手持白花，缅怀先烈。（拍摄于 2021 年 4 月 2 日）

到达任山河烈士陵园后，师生们列队肃立，敬献花圈。
（拍摄于 2014 年 4 月 3 日）

临近中午，徒步队伍到达任山河烈士陵园。

（拍摄于 2014 年 4 月 3 日）

全体师生面向纪念碑、烈士墓碑，肃穆，默哀。

（拍摄于 2021 年 4 月 2 日）

师生脱帽，排队走向烈士墓碑，准备擦拭墓碑，敬献白花，寄托哀思。

（拍摄于 2021 年 4 月 2 日）

学生代表敬献花圈，寄托师生们对革命先烈的怀念和哀思。

（拍摄于 2015—2019 年）

陵园里，活动现场，任皓校长与护旗手站在一起，祭奠先烈，寄托哀思。"传承"一词有了具象化的意义。

（拍摄于 2017 年 4 月 1 日）

学生代表进行发言。阳光照在少年的面庞上，清澈的眼神透着坚定。

（拍摄于 2017 年 4 月 1 日）

春风微凉，吹动发梢。陵园内学生们排队有序瞻仰烈士墓碑。

（拍摄于 2018 年 4 月 3 日）

肃穆的表情，胸前的白花，学生们脱帽肃立，缅怀英烈。

（拍摄于 2019 年 4 月 3 日）

任山河烈士陵园内，学生们庄严宣誓："请党放心，强国有我。"铮铮誓言，响彻云霄。

（拍摄于 2019 年 4 月 3 日）

师生们的裤腿上裹满泥浆。他们静默在墓碑前，寄托哀思。

（拍摄于 2021 年 4 月 2 日）

少年在墓碑前庄严肃立。

（拍摄于 2019 年 4 月 3 日）

小姑娘神情专注，仔细擦拭，生怕不够仔细，生怕不够干净。

（拍摄于 2019 年 4 月 3 日）

孩子们神情庄重地伫立在烈士墓碑前，心灵受到极大的触动。

（拍摄于 2014 年 4 月 3 日）

每一座墓碑便是一座山，一座不可逾越的大山，这山便是永远的丰碑。

孩子们拭擦墓碑，默哀，真切感受到幸福的生活来之不易。

（拍摄于 2015—2021 年）

无名烈士墓前，孩子手握鲜花，仔细擦拭着碑上的每一个字。

（拍摄于 2023 年 4 月 1 日）

学生们列队瞻仰烈士墓碑。
（拍摄于 2024 年 4 月 3 日）

蹚过泥泞，身体力行后的饭菜吃起来格外香。

我们一定会珍惜今天这来之不易的幸福生活。

（拍摄于 2021 年 4 月 2 日）

随行家长在分发食品。（拍摄于 2015 年 4 月 2 日）

医务人员在提供保障。（拍摄于 2024 年 4 月 3 日）

百里壮行祭英烈，砥砺前进做栋梁。

（拍摄于 2019 年 4 月 3 日）

陵园内，学生们列队敬礼。

（拍摄于 2024 年 4 月 3 日）

29 年来参与徒步活动的班级都会在纪念碑前留影。

（拍摄于 2006—2024 年）

温柔的阳光轻轻洒落在孩子们稚嫩的面庞上，手中的小白花承载着他们无限的敬意与思念。这不仅仅是一场纪念活动，更是青春对过往的温柔对话，是对生命意义的深刻感悟。在光影交错间，我们看到了成长的足迹，感受到了时间的重量以及那份永不褪色的纯真与哀思。（拍摄于 2024 年 4 月 3 日）

凯旋

他们来过，我们走过，这 108 里的路程被几代人踏过。我们不惧路遥，因为不止一人走；我们不畏艰难，因为不止一人扛。"雄关漫道真如铁，而今迈步从头越。"青春岁月，有此行，无悔；有此伴，无畏。

凯旋的队伍和大山构成了亮丽的风景线。

（拍摄于 2024 年 4 月 3 日）

困难无法阻挡弘文学子前进的步伐，他们相互搀扶，共克时艰，用执着和毅力战胜困难，
表现出了团结一心、众志成城的良好精神风貌。

（拍摄于 2021 年 4 月 2 日）

红旗招展，返程的队伍盘旋在山间。
真正的考验才刚刚开始。
（拍摄于 2024 年 4 月 3 日）

一路高歌，一路向前。向前，向前，向前！

（拍摄于 2015 年 4 月 2 日）

参加完扫墓仪式，孩子们返程的步伐虽略显疲惫却依旧坚定。

（拍摄于 2014 年 4 月 3 日）

弘文学子头顶雨雪，脚踩泥泞，他们相互搀扶，相互帮助，灿烂的笑容融化了冰雪。

（拍摄于 2021 年 4 月 2 日）

雪渣打在脸上，泥水湿透脚丫，道路泥泞湿滑，汗水泪水交加。
（拍摄于 2021 年 4 月 2 日）

泥泞的山路，孩子们互相搀扶，共同前行，不畏风雨艰难。（拍摄于 2021 年 4 月 2 日）

几个小时连续下了 6 次雨雪，孩子们的衣服早已湿透。家长帮助孩子穿上雨衣。（拍摄于 2021 年 4 月 2 日）

体力的下降与脚下的刺痛阻挡不了弘文人前进的步伐。

（拍摄于 2024 年 4 月 3 日）

29 年上下求索，在每一年的召唤中，弘文人乐此不疲地与那段历史同行。

（拍摄于 2024 年 4 月 3 日）

身体上的不适来势汹汹，前行的步伐却不曾停止。

身体不适的学生在蓝天救援队的搀扶下休息。

（拍摄于 2019 年 4 月 3 日）

体力不支的孩子在随行家长的搀扶下坚持行走，坚决不上救援车。（拍摄于 2015 年 4 月 2 日）

行进途中，一位身体不适的女生在同学的搀扶下共同前行。少年关切地看着自己的同学，步伐缓慢而坚定，友谊的力量鼓舞着彼此坚持下去。
（拍摄于 2015 年 4 月 2 日）

少年的肩膀承载着青春的勇敢、担当和责任。少年们身体力行，相互扶持、鼓励，在这次行走中感受、体会、成长。（拍摄于 2015 年 4 月 2 日）

行进途中的短暂休整。学生们原地休息，适当补充体力。随行老师和家长做好后勤保障工作。（拍摄于 2015 年 4 月 2 日）

山高路远，道阻且长。返程途中孩子们席地而坐，短暂休整。

（拍摄于 2019 年 4 月 2 日）

他们深刻体验着长途跋涉的疲惫与苦痛，但他们困倦的脸上总是洋溢着幸福的微笑，因为在路的尽头，有长眠于地下的烈士的精神在感召；在跋涉的路途上，有团队不抛弃、不放弃、团结向前的精神鼓舞，还有父母、师长始终伴随的鼓励和期许。这是课堂上不可能学到也无法体验的真实。

（拍摄于 2019 年 4 月 3 日）

这是返程路上最艰难的一段，"上山容易下山难"，坚硬的石子、飞扬的尘土、透支的
体力、酸痛的大腿肌肉……少年举步维艰，咬牙坚持，每一步都在挑战极限。

（拍摄于 2024 年 4 月 3 日）

每年清明时节，从彭阳返回的弘文队伍都是城市中一年一度的亮丽风景线。

（拍摄于 2019 年 4 月 3 日）

昨天还在怀里撒娇的宝贝，今天就是翻山越岭的勇士。家长们难掩激动，加油助威。

"坚持就是胜利！"孩子们用108里的不曾放弃重新为这句话做注脚。

（拍摄于2015—2019年）

仿佛一场战斗的胜利，又似脱胎换骨般重生，在身体与精神的不断冲突中，我们终于以"回家"的姿态宣告胜利。（拍摄于 2018 年 4 月 3 日）

胜利就在眼前，让我们昂首挺胸！（拍摄于 2018 年 4 月 3 日）

华灯初上，夹道欢迎的家长和市民脸上流露出难掩的兴奋和赞许。

（拍摄于 2024 年 4 月 3 日）

这座城市的夜晚被一项坚持了 29 年的活动赋予了新的意义。

（拍摄于 2024 年 4 月 3 日）

这座城市的红色内涵被一群孩子质朴而坚定的脚步刷新。

（拍摄于 2014 年 4 月 3 日）

弘文中学校长任皓接受人民网采访。

（拍摄于 2024 年 4 月 3 日）

六盘山下，固原儿女，几代共同参与者都在这每年一次的感动里陶醉。

（拍摄于 2014 年 4 月 3 日）

每 3 年就行走一次的班主任，仍能在一次次的行走中收获不同的感动。

2021 年徒步任山河活动结束后黄佳琦老师潸然泪下。

（拍摄于 2021 年 4 月 2 日）

鞋子、裤子已经被泥浆包裹得不成样子，但正是这两腿泥浆，让少年们感到无比骄傲和自豪，那一刻他们就是自己的英雄。（拍摄于 2021 年 4 月 2 日）

风雨荣光

余音袅袅袅

余音袅袅袅

徒步任山河扫墓活动结束，学生正常返校的第一时间，后续工作就此开始。学校晨会、国旗下的演讲，年级晨会、班会，评优选先，思政课交流研讨，逐步展开。学校召开专项表彰会，对活动中优秀的集体、个人进行表彰奖励。语文教师与班主任联动，征集学生"徒步任山河"专题作文，经语文备课组编辑成册，交流分享。学校宣传组制作影像光盘，在师生、社会中传播，如风雨荣光后的海面，浪花涟漪不断。

　　拂去碑上的尘土，仿佛打开了历史的封印，我们听见了穿越大半个世纪的庄严嘱托："新时代的青年们，你们一定要安不忘危、盛必虑衰，不忘初心、牢记使命，走好新时代的长征路，担起国家重任，为国争光！"那是来自70多年前的嘱托，是烈士们灵魂深处的呼唤。英雄们，战争的硝烟已不在，这繁华盛世如您所愿。您瞧，我们走过的山间，桃花开得正艳。

走好新时代思政教育"长征路"：
固原学生"徒步任山河"解析

徐璐璐　徐元锋

　　"任山河徒步活动是思政教育的一个创举，对宁夏而言，能够形成扩散效应，促使思政课观念和方式方法更加'实效化'，增强'沉浸式'和'代入感'，强化红色历史叙事的'兴奋点'，提升宁夏红色资源的传播力和感染力"，中共宁夏区委党校党史党建教研部主任李喆说："挖掘这一活动背后的道理、哲理、学理，拿出研究报告总结经验，推广开来激发广大青少年、党员干部奋进新征程意义深远。"

　　今年清明节，宁夏固原二中、弘文中学的新生徒步108里祭奠英烈的壮举"红"遍网络，余音袅袅。他们在致敬英雄中传承红色基因，在挑战极限中磨炼意志品格，29年的坚持与传承，上好了入脑入心的思政课。

　　思政课是落实立德树人根本任务的关键课程。这节"行走的思政课"延续29年，参加活动的学生有哪些收获和成长？走出教室徒步山河蕴含着怎样的生命力和价值？将带来怎样的示范作用、连锁反应？

徒步任山河，感动的瞬间一幕幕

　　1995年起，每一届固原二中高一和弘文中学初一的学生，都会在清明节期间开展"徒步108里山路到任山河烈士陵园祭奠英烈"的综合实践活动课。

　　凌晨5点，他们踏上征程，穿山越岭，徒步54公里从学校到任山河烈士陵园。在陵园内，同学们轻轻擦拭墓碑，铭记长眠于此的英雄。祭奠仪式结束，片刻休息，便开始返程。晚上8时许，拖着散架的身躯在学校集合完毕，再解散结束。从天还未亮到夜色已深，每一位同学都挑战了自身极限。

　　固原二中原校长韩宏组织发起第一届徒步任山河活动，"想考验下我们的孩子能不能吃苦，能不能经受住磨炼，用自己的脚步感受革命前辈流血牺牲的情景"。

　　108里路没有白走，108里路不会白走。

　　2024级弘文中学初一学生傅浩栋说："在大太阳下行走，脚疼腿疼的感觉难以忍受。但是站在墓碑前，'苦不苦，想想长征两万五'，返程的路再不好走，我也一定把它走完！"

"以前当学生走这段路时，总会问老师'还有多久啊'，老师的回答都是'快了'。现在成为跟队老师，学生问我的回答仍是'快了'。就像人生路途上的风景，有的风景可能只经历一次，就在心中埋下种子，12岁的时候我战胜了自己，后来那股坚持不懈、迎难而上的劲头受益终身"，弘文中学道德与法治老师杨亚琦感慨。

徒步任山河路上，感动的瞬间一幕幕。

"有位女同学，手里攥着献给先辈们的白色小花，下着雨的道路坎坷泥泞，中途几次摔倒，宁可摔到胳膊、弄脏衣服，也不肯让手里的小花着地。""我们班的体育委员身上挂了7个书包！""两个男生左右搀扶着一位女生，近似拖着'战友'一步一步往前挪。""很多同学脚底起了水疱、血疱，明显走不动了，但是不听老师劝，硬不乘车，即使爬也要爬回去。""累了吧，举旗手轮到我了！""班长、体力好的男同学轮流穿梭在队伍前后带领大家唱红歌，为同学们加油鼓劲，大家迈着坚定的步伐走回校园。"……

固原二中2000级毕业生严琪，现为中国空间技术研究院西安分院航天器通信系统主任设计师。他说："出发时坚信'我能做到'，行程中挣扎'我要做到'，返程时感动'我做到了'！生活跌宕起伏、潮起潮落，但始终萦绕心头的还是此行！"

为何是固原？为何能坚持29年？

29年前的举动，被一届又一届传承，这不是哪一位校长、老师的主观愿望，而是学校历届师生自觉积极的坚守。

"第一次活动晚上回来已经9点多，有些家长接孩子等得着急，看到娃娃们一瘸一拐回来更是心疼，抱怨声随之而来，说'这简直就是摧残！'"韩宏回忆。

面对质疑，韩宏校长坚信，学生娃是"西海固"这片贫瘠土地上的学子，受到六盘山"不到长城非好汉"红色环境的浸润，孩子家长大多面朝黄土背朝天，他们的坚韧朴实潜移默化影响着孩子，走下来没问题。

固原曾属于陕甘宁革命老区，是一片赓续血脉、传承基因的红色热土，是"缅怀先烈、不忘初心，走好新的长征路"的伟大号召发出地。

"108里的路，在缅怀和徒步行走中传承红色基因，在传承红色基因中坚定理想信念，在坚定理想信念中汲取奋进力量，在汲取奋进力量中铸造固原二中学生特质。这是用脚步丈量出来的青春，用心灵感悟出来的革命历史。"固原二中校长何成江说。

弘文中学原为固原二中初中部，两所学校原为一体，后期剥离开。难得的是，校长换了几任，相关负责人也不断调整，但行走的种子一经种下，"长征"的誓言便不曾改变。

一届又一届的传承，任山河之行从最初单纯磨炼学生意志力的体能锻炼，丰富成为一节"行走的思政课"。学校把党的创新理论最新成果和固原红色文化的深厚底蕴相结合，把学生的家国情怀、对信仰理念的坚守，厚植在一次次行走中，并不断升华。

2009年因为各种原因，"徒步任山河"未

能举办，孩子们哭成一片，要求学校办活动，"那时候我就知道，举办这个活动是成功的，这也更加坚定了这项活动的初衷：让红色基因深入师生血脉，在步行中体会做人根本。"韩宏校长说。

为充分利用好固原丰富的红色资源，固原二中还与六盘山红军长征纪念馆、固原市博物馆等建立了馆校合作机制，拓展实践基地，丰富学习内容。不断加强革命传统教育、爱国主义教育、思想道德教育、国防教育、铸牢中华民族共同体意识教育，在一届又一届学生中"向下扎根，向上蹿长"。

从一次行走，到红色教育日常浸润

弘文中学校长任皓说："活动开展前，我们会利用课间加强孩子们的体能训练，同时丰富学生对历史故事、红色文化的学习，让他们在思想与行动上拉近历史与现实。很多孩子通过行走，感受到集体、团结的力量，为烈士扫墓，感受和发扬爱国主义情怀，扣好'人生第一粒扣子'，这比讲一百次道理要来的真切有效。"

学生成长在活动中，班级建设在细微处。近年来，弘文中学还通过创建特色班，每个班都有特色班名，如"团结班""诚信班"，教导学生保持良好生活习惯，让学生形成自我管理意识。

在固原二中，"行走的思政课"分为走前全面准备、走中深度浸润和走后总结提升三个阶段。走前基本实现全流程、全方位、全课程的跟进。走中以班为单位，分后勤保障组、联络组、文艺组、捡拾垃圾组、旗手组等多个组别，

培养学生组织协调能力和团队协作能力。走后分享感悟心得，至今已形成数十部学生感悟随想的文集。同时以"春之声、夏之风、秋之实、冬之韵"为主题，推行"四季芳菲"等红色主题活动，把一次行走变成常态化沁润。

行走也提高了思政教师的政治素养、加深了家国情深、创新了教育思维、严格了自身要求，使思政课教师乐教善教、潜心育人的信心底气更足。

固原二中"00后"班主任王丽，学生时也参加过任山河之行。王丽说："我现在是班主任，108里需要照顾好班里的每一个人，归校总结完，有几位还没回家的同学看到我快站不住，过来照顾我，在十六七岁的孩子身上感受到了细致体贴，我也觉得对国家对工作的热爱不那么遥远，而就在眼前。"

已经参加过5次任山河之行的张红梅老师感慨："2021年我的孩子也参加到任山河之行，作为班主任，我要在校园处理完所有事情才能回去，别人家的孩子回家都是热汤热饭的迎接，我的孩子回去家里却还黑灯瞎火。但当我回到家，孩子已经洗完澡、煮好了泡面等着我了。"

"29年来参与的人越来越多，感召力和吸引力越来越强，思政课的内涵越来越丰富，但核心灵魂是立德树人的初心和深沉的家国情怀。"何成江校长说。

从师生的行走，到全社会联动的大爱

2024年的任山河之行，轰动固原城。

活动当天，宁夏全区40多名思政教师，中宁一中60多名高一学生，固原市12家单位共

计200多名共产党员、共青团员一并随队行走，8家单位及社会团体参与护行。归来时，家长自发制作了54条横幅，在学校门口、道路两旁，围满了迎接队伍"凯旋"的群众。

凌晨3点半，固原市交警二大队一行6名骑警已在校门口就位。二大队成立于2003年，每年都参与任山河之行的线路保障工作。

"今年是我第一次开路带队，返程的时候大人都快坚持不下来，但是学生们唱着红歌斗志昂扬走回校园，看得我热血沸腾，以后也要争取机会让我的孩子走一次。"二大队教导员陈连东说。

固原市原州区人民医院医疗保障队的海彦芳说："有位12岁身体比较弱的同学，在给她食物补给，让她吃点东西的时候，竟然还掉了颗乳牙。让她坐救援车回，她坚决说不，恢复一点体力又跟着队伍前进了，真的很让人心疼。单位同事都很关注这次活动——那么小的孩子都可以这样坚强，大人又有什么理由退缩呢。"

今年是固原市蓝天救援队参与任山河之行的第9年，队伍自2015年成立，由来自各行业的爱心公益人士组成。这次活动有70多名队员参加，每个班级配备一名队员，配合老师开展医疗和安全保障工作。"每次不用动员，队员

们都自发参与，参加徒步对救援队队员也是激励和升华。善行改变人心，少说多做，是一个普通人做公益的方式。"蓝天救援队张勇说。

"1995年我参加过徒步任山河，当时作为邻校学生是凑热闹。如今活动的组织与策划'版本'不断升级，不管是市委、市政府、公安、医疗、交通还是社会公益组织等力量，都对活动心甘情愿付出，这是一种大爱。"学生家长叶永说。

"行走的思政课"从学校的独立行动，发展到社会多部门联动的保障机制建立，从引领家长自觉参与到影响社会正向传播，逐渐建设起了培育时代新人的新路径，构建了各方联手共育的新样态。红色教育"思政课"伴随着两代人的成长，一次次用真实励志的风景感动固原乃至宁夏。

宁夏大学马克思主义学院院长范映渊表示："宁夏是红军长征胜利会师地之一，有丰富的红色文化资源，走好新时代思政教育的'长征路'，关键是要把一个个的典型凝练出来坚持下去，这样的思政教育'可以燎原'，将会'春色满园'。"

（人民日报客户端2024年5月30日）

"行走的思政课"带来的启示

陈艺心

  "那年，你14岁／花朵一样的年龄／喜欢做梦的年龄／你那稚气的面庞／可否承载起苦难的表情……今年，我也14岁／可我常躺在母亲怀里撒娇／有时也会流泪／那是因为与朋友们闹别扭／今天，我站在你的墓碑前／心头一阵阵猛烈的震颤……"

  这些节选自《那年，你14岁》的诗句，是宁夏固原弘文中学（原固原二中初中部）一名初中生参加2005年"徒步任山河"活动后写下的，字里行间的情感令人动容。从1995年开始，每年清明节前夕，宁夏固原都有一群师生擎起鲜红的旗帜，徒步前往任山河烈士陵园，祭奠长眠于此的300多名烈士。天还没亮，他们收拾行囊准备出发。翻山越岭，途中彼此搀扶，相互鼓励前行。到达烈士陵园，他们肃立向烈士默哀、擦拭墓碑、敬献鲜花。路途漫漫，用汗水书写青春，用心灵感悟历史，信仰的力量穿越时空，在青少年心底共振。

  54公里的路程，10多个小时的行走，一堂"行走的思政课"，延续近30年。为什么要徒步往返，又靠什么坚持下来？问题的答案，在"这是对革命先烈的一种尊重"的回答中，也藏在参加活动的一届届学子写下的一篇篇文章里。把课堂从教室搬到户外，一步步走下去的旅程是"教师"，崎岖蜿蜒的山道变"教材"，这样一堂别开生面的"大思政课"，不仅给参与者留下终生难忘的回忆，也启发人们思考，怎样让思政课更加深入人心。

  历史是最好的老师。作为我们党艰辛而辉煌奋斗历程的见证，红色资源是最宝贵的精神财富，蕴藏着丰富的育人素材和价值。红色文物可以穿越时空与今人对话。一座座革命纪念馆、烈士陵园里，保存珍藏着一段段波澜壮阔的红色历史、一个个震撼心灵的故事。深入挖掘并发挥好红色资源的铸魂育人功能，让革命文物"开口说话"、浸润人心，增强"大思政课"的感染力，有助于引导青少年扣好人生第一粒扣子，激发他们的爱国热情和奋斗豪情。

  思政课的本质是讲道理。把道理讲深、讲透、讲活，离不开方式方法的探索创新。"纸上得来终觉浅"，学习书本知识很重要，但理论学习代替不了亲身实践，教师的引导也代替不了学生的思考。不论是固原"行走的思政课"，还是湖南大学马克思主义学院教师龙兵开设的"走着上的思政课"，都说明实践之于思政课的重要意义。引导青少年去切身体验、去辩证思考，这样得来的道理才更加深刻，这样树立的信念才更加坚定。把教室小课堂同社会大课堂结合起来，把理论和实践结合起来，"大思政课"才能更好启智润心、铸魂育人。

近30年来，学生换了一茬又一茬，不少曾经参加"徒步任山河"活动的少年如今又以老师的身份，陪伴自己的学生重走这条路。"一棵树摇动另一棵树"，一代人影响下一代人，凸显了优秀思政课强大的生命力和影响力。期待更多高水平思政"金课"源源不断涌现，更有效引导青少年打好精神底色、夯实人生根基。

（《人民日报》2024年5月10日）

往返 108 里、坚持 29 年，
徒步缅怀如何影响孩子们？

4月3日凌晨5时，来自宁夏固原市第二中学和固原市弘文中学的2000余名师生，从固原市区出发，徒步前往位于彭阳县的任山河烈士陵园。任山河烈士陵园内安葬着391名在长征时期和解放战争时期牺牲的烈士，距离固原市区27公里。作为学校的一项传统活动，每年清明节，固原二中和弘文中学都会安排新生翻山越岭、爬坡过坎，用徒步的方式完成往返54公里的路程。他们用这种方式来缅怀先烈，重温历史，接受洗礼，这份坚定与执着至今已坚持了29年。

行程超百里，中学生如何健康安全走完全程？此次徒步远足缅怀活动总的往返距离达到了54公里，也就是108里。这个路程比国际田联认证的全程马拉松路程42.195公里还要多近12公里，而且不像马拉松比赛是在平坦的道路上进行，这趟路程需要翻山越岭、爬坡过坎。这对于体力充沛的年轻人问题应该不大，甚至是耐力好点的中年人也可以做到。但参加活动的同学们大多只有十三四岁，这个强度还是很有难度和挑战的。如何确保如此距离的远足徒步不会对孩子们的身体造成伤害呢？据了解，为保障此次清明节远足缅怀活动顺利进行，近段时间，学校方面充分利用早操、大课间、体育课等，对学生开展体能训练，帮助学生储备体能，确保学生能够完成挑战。

强体魄增信心，师生们提前为活动做准备。抱头深蹲、高抬腿跑、鸭子步……3月25日下午，弘文中学七年级学生正在体育课上进行体能训练。为提高训练质量，在遵循青少年身体成长规律的基础上，逐步加大训练量和训练强度。据了解，3月30日前，学校联合家委会代表察看到目的地的沿途路况，修补破损道路，排除安全隐患，进一步完善应急预案，全方位保障此次活动顺利进行。

持续29年：为何能坚持？如何做细节？尽管在活动之前学校为孩子们进行了体能上的储备，以确保不会因路途漫长而导致学生身体受伤，但是要办好这样一场有2000多人参与的活动，仅有体能是不够的。连续29年，面对学生的信心、家长的担心和社会的关切，还有很多细节都要一一落实。特别是路途中可能出现的各种意外情况，作为主办方，学校是否有完善的预案和足够的人手？如何做到万无一失？我们先听听固原市弘文中学校长任浩的答案：我们为什么能够长时间去坚持，第一个原因就是孩子们的表现教育了我们，特别是孩子们对这个事情的认识、他们的态度。第二，这个活动对家长也是一个教育，尤其是孩子要挑战一点体能，家长首先就受不了。但是通过这个活动，家长看到自己的孩子还可以，潜力还是比较大的，所以他们从刚开始的质疑慢慢转化，开始支持了。第三，是对社会各界的认识，就像现在网上的很多评论一样，大部分网民对这个活动是持肯定态度。他们在很多留言中说，学校要坚持做，像这种活动要多开展一点。我们也是这个态度，只要是对学生全面成长有好处的事情，我们就要坚持。对孩子，主要从三个方面来做，一个就是给孩子进行一些思想方面的动员，让孩子知道我们为什么要走这段路，这段路的意义和价值是什么；第二就是进行体能训练，这是他们能走下来这条路的最基础的支撑；第三就是活动的保障，整个过程当中，我们会有医疗救援方面专门的组织，也有这方面的车辆保障。走之前，我们会对所有的学生，通过家长进行排查。如果身体有一些特殊疾病的，不能参加的，我们会给他做工作，让他可以不参加，这是我们一个硬性规定。在参加过程中，路上有我们的校医，有保障车辆，还有蓝天救援队的同志一路跟着，对个别实在坚持不下来的同学，我们也会采取一点措施。

曾经参与远足缅怀先烈的师生们也最有发言权。

固原市弘文中学七年级学生刘泽章：经过长途跋涉27公里，最终来到了任山河烈士陵园。我体质比较差，所以我经常会落到后面。但是同学们会鼓励我、搀扶我、拉上我，最终我来到了这个庄严而肃穆的地方。这次任山河之行让我懂得了一个道理，坚持就是胜利。

固原市第二中学体育教师徐海峰：我们对学生进行了集中的体能训练，防止学生徒步任山河期间，发生体力不支情况。我今年也是第一次徒步走任山河，也跟学生一起进行训练，加强体能，确保这一次徒步之行，能够顺利走下来。从一开始的30分钟持续匀速走、12分钟变速跑，到高抬腿跑、侧身跑、后蹬跑，再到抱头深蹲、蛙跳、300米负重跑，经过三周的训练，学生们的身体素质得到了明显提升。

固原市弘文中学体育教师张宁：本次训练，从学生刚开始跟不上队伍到能跟上队伍，效果是很好的，保证学生走任山河体力能跟上，不容易受伤。

固原市弘文中学七年级（13）班学生张文杰：刚开始的时候我长跑经常掉队，但是经过三周的训练之后，我完全可以跟上队伍……

据不完全统计，自1995年启动这项徒步活动到2023年，固原二中与弘文中学共有毕业生2.3万人，其中考上"985"和"211"等各类本科大学的人数超过了2.1万人，而先后参与过徒步缅怀英烈的人数则超过了3万人。这项活动到底对学生们的意志品质和人生观有着怎样的影响呢？来听听其中几位曾参加过活动、今天已经工作在不同岗位上的学生的感受。

高级工程师殷佳欣：我在固原二中度过7

年时光，有过2次任山河之行，留下了深刻的印象。那108里路不仅仅是缅怀，更是一种经历。在清华读书时，学校讲"自强不息，厚德载物，为祖国健康工作50年"。工作后，领导讲"烧不死的鸟是凤凰，泥坑里爬起来的是圣人"。这些精神都投射在那泥泞的108里路中，让我更加理解了老一辈人奋斗的艰辛和青年人肩负的建设祖国的使命感。感谢固原二中和这条路，它像一粒种子不断开花结果，不断绽放精彩。

如何回应社会关切？未来是否还要传承？这项活动从1995年第一次正式开始之后，29年间固原二中换了5任校长，弘文中学也换了3任校长，但活动始终没有中断。随着这项活动近些年被越来越多的人知晓，社会和网络上各种各样的评价也纷至沓来。那么，29年的时间一任校长接力着一任校长是如何坚持的？他们遇到了怎样的声音？未来是否还会坚持做下去呢？再来听听现任固原市弘文中学校长任浩的回应：作为校长来讲，在这方面是相通的。只要认为对孩子成长有好处的，哪怕再难也会坚持去做的。所以我想这件事情之所以能够29年一直传承下来，几任校长都是这种想法。现在我也注意到，随着时间推移，活动在全国反响越来越大。网民们还有社会各界对这个活动的反应也不同，但绝大多数还是支持的。我们把这个活动作为一个行走的思政课，就是要学生通过这个活动，从体能挑战、意志磨炼，逐渐升华到对我们国家的热爱，对红色基因的传承。通过这个活动，我想不仅是在孩子体能、意志、思想上，主要还是在他们信念方面，能有一个很好的教育和培养作用。

（央视新闻客户端2024年4月7日）

坚持 28 年！ 2000 多学生徒步 54 公里，只为一件事

4 月 1 日，宁夏固原

2300 多名中学师生

徒步往返 108 里路

赴彭阳县任山河烈士陵园

为安葬在这里的 391 名烈士

扫墓、敬献花圈，缅怀革命先烈

然后，他们再徒步回学校

来回路程共计 54 公里

"少年强则国强，少年智则国智

少年进步则国进步……"

4 月 1 日凌晨 4 时 30 分

伴随着嘹亮的歌声

固原二中 800 多名高一学生

弘文中学的

1400 多名七、八年级学生

集合列队完毕，整装出发

大家排着整齐的队伍

在交警带领、蓝天救援队护送下

向任山河烈士陵园进发

漆黑的夜色里

蜿蜒的队伍走过一段平缓小道

便进入了山路

山路曲折，盘旋而上

师生们互相搀扶、鼓励

勇往直前

一路上，大家高举红旗、唱红歌

手拉手翻山越岭

肩并肩齐步前行

无一人放弃

翻过黄峁山，再越过几道沟

经过约 5 个小时长途跋涉

全体安全到达任山河烈士陵园

纪念碑庄严矗立

雕刻着"革命烈士永垂不朽"大字

两侧，烈士墓碑静静地

坐落在苍松翠柏之中

弘文中学、固原二中学生

先后组织开展缅怀祭奠活动

聆听了任山河战斗的故事

同学们擦拭烈士墓碑

并向革命先烈敬献小白花

任山河战斗被称为

"解放宁夏第一仗"

74 年前，391 名英烈

迎着雨雪冰雹，顶着枪林弹雨

用刺刀挖脚坑，抓着草坑往上冲

与敌人英勇战斗

最终长眠于任山河

展现了崇高的革命精神

74 年后的今天

2300 余名师生

爬坡过坎、翻山越岭

一路互相鼓励，一路用心体会

留下年轻的脚印和嘹亮的红色歌声

清明节徒步百里祭英烈活动

始于 1995 年

至今已坚持了 28 年

对于曾经参与过的学生来说

这场"征途"不仅是他们

青春无法磨灭的记忆

还在成人后

继续为他们提供不竭动力

固原二中党委书记韩映顺表示

"这 54 公里路

是感念先烈创造幸福生活的路

是感悟中国共产党初心与使命的路

我们必须走好新的长征路

努力工作，刻苦学习，顽强拼搏"

晚上 8 点多，师生们徒步返回学校，受到市民夹道欢迎

英雄气概，代代相传

向英烈致敬！

为师生们点赞！

2023 年 4 月 2 日

（人民网—宁夏频道　2023 年 4 月 2 日）

这条路，一走就是 28 年

刘文鑫 李霞霞

1995 年至今，固原市弘文中学每年清明节都组织师生徒步到彭阳县任山河烈士陵园祭奠革命烈士。28 年，风雨无阻，学子们沿着曲折陡峭的山路，一步一个脚印，在 54 公里道路上用脚步丈量青春，用汗水洗涤心灵，扣好人生第一粒扣子。

心中有信仰，脚下有力量。这条 54 公里步行需 16 个小时的路，祭的是英烈，传的是精神，走的是未来，感悟的是中国共产党的初心与使命。

朱丽媛：育人"接力棒"代代传

1995 年的清明节，雨夹雪如期而至。在固原市弘文中学上六年级的朱丽媛，和同学们一起，在老校长韩宏的带领下，踏上了前往彭阳县任山河烈士陵园的祭扫之路。

崎岖的山路上，11 岁的朱丽媛第一次感到了害怕。"上山时，脚下打滑，踩上去使不上劲，感觉呼吸都很困难。"深一脚浅一脚，行走在泥泞的路上，泥水湿透了鞋子，冰冷的雪水打在脸上，眼泪和雨水模糊了她的视线。

"我当时想要放弃，只想坐车回家。"朱丽媛回忆，"当时，韩宏校长看到同学们的状态，大声喊着'加油'为大家鼓劲，讲为国捐躯者们不怕牺牲、不怕困难的故事，激励大家前行。"

"不做狗熊，当英雄。"同学们相互搀扶，相互鼓励，高唱红歌，踩着泥路前行。

来回 54 公里，朱丽媛在感动和感染中完成。"我第一次感受到了集体的力量，感受到了信仰的力量。"朱丽媛第一次相信自己也可以直面困难、克服困难。

如今，朱丽媛是固原市弘文中学的一名教师，接过教书育人"接力棒"，她的肩上多了一份责任与担当。每逢清明节，她都会带着学生，重走这条熟悉的山路。

"同学们，108 里只是生命中的一小步，长征的路比 108 里更长，人生的路比长征的路更远。没有一马平川的长征，更没有一帆风顺的人生。大家要牢记革命先烈遗志，赓续红色血脉，接受生活磨砺，在未来方能以吾辈之青春，捍卫盛世之华夏。"朱丽媛说。

徒步过程中，有的学生因身体不适头晕呕

吐，有的学生脚掌磨出了血泡，但他们没有选择退缩，依然坚持。作为班主任的朱丽媛，时常被学生的坚持所感动。

任江鹏：受益终身的思政课

在弘文中学上学期间，任江鹏先后3次参加徒步祭英烈活动。时隔25年后的今天，任江鹏作为一名学长，以固原市公安局开发区分局西兰银物流园区派出所民警的身份，再次参与母校组织的徒步祭英烈活动，为学弟学妹们保驾护航。

令任江鹏感动的是，在徒步返回的路上，有的学生脚磨出了血泡，仍然一瘸一拐地坚持向前走。任江鹏驾驶开道车过去询问，让他们上车，但均被拒绝。

"虽然我的脚很疼，但是我相信我能坚持走到终点。"学妹"我能坚持"的精神，让任江鹏想起当年他徒步时的经历。1998年，任江鹏也是在老师和同学的相互鼓励下，一直咬着牙，坚持走回学校。

多少年来，徒步祭英烈的学生换了一拨又一拨，但这份传承却深深刻在了每个人的内心深处，正是这份传承，让任江鹏懂得了刚强、智慧、英勇、团结。

2005年，任江鹏通过高考成为一名国防生，立志也要像先辈英烈一样保家卫国。2009年，任江鹏毕业之后，顺利进入部队，成为一名军人。

"当兵的日子里，每当坚持不住的时候，我就会以徒步任山河祭英烈来鼓励自己。"任江鹏说，"少年时能坚持到最后，青年的我一样可以坚持。"

这一坚持就是10年。2019年，任江鹏从部队转业回到家乡，面临选岗时，选择成为一名基层人民警察，换一种身份继续守护家乡的人民。

"徒步百里祭英烈，不只是一段令我难忘的回忆，更是一堂受益终身的思政课，不断激励我前行。"任江鹏说。

张建华：我的"红色之旅"记忆

4月1日，张建华在媒体上又一次看到了2300名学弟学妹徒步108里，前往任山河烈士陵园祭奠英烈的身影，不禁让他回想起19年前自己的"红色之旅"。"漆黑的夜色，淅沥的小雨，蜿蜒的队伍星夜启程，在青春年华留下了难忘的回忆。"张建华清楚地记得，在固原市弘文中学上学时，陈锡学老师经常讲起任山河烈士陵园祭奠英烈活动，张建华也期待自己可以参与其中。

在一天又一天的期盼中，张建华终于如愿等到了清明节。当年，他徒步10多个小时，到达任山河烈士陵园。当他看到一座座威严矗立的英雄墓碑，就仿佛看到了革命烈士英勇无畏冲锋陷阵的身影：391名烈士浴血奋战，这些鲜活的生命永远活在张建华的心中，始终无法忘怀。那次祭奠之后，张建华内心久久不能平静，"从军报国"四个字在他心里萌发。此后的学习中，391名烈士"不惧艰难、无畏生死"的战斗精神始终激励着张建华，他不甘落后刻苦学习，如愿考取了中国人民解放军国防科技大学，成了红色血脉的践行者。

"我们走的是磨炼，传的是精神。清明徒

步百里祭奠英烈，始于 1995 年，母校至今已坚持了 28 年，漫长的征途是一代代师生学子不可磨灭的记忆，也是我们砥砺前进的不竭动力。祭奠英烈所走的 108 里山路只是我们日常生活的常态。"张建华说，一代代固原师生正是凭着顽强拼搏、务实求学的态度走出了大山，在各自平凡的岗位上发光发热。

时间的长河流淌不息，一代代固原市弘文中学师生初心不改。哀思先烈，振奋精神；擦亮初心，继续前进。"作为一名军人，我更深刻地懂得自己所肩负的责任和使命，我将始终坚守在岗位上，守护着祖国的每一寸山河，欣慰地瞭望着万家灯火。"张建华说。

如今，这条 108 里的祭英烈路，从普通道路变成生态专用路，脚下的道路越走越难，但心中的路却越走越宽。

高强：徒步祭英烈激励一生

"我清楚地记得，清明节当天，天刚蒙蒙亮，我们就早早地来到了学校，在教学楼前列队出发。大家特别激动，像一个个小战士站得笔挺，誓要拿下这 108 里的艰辛旅程。"高强回忆，当时，沿街站满了前来送行的父母和市民，嘹亮的歌声响彻整条街。

又是一年清明节，固原市弘文中学 2010 届学生高强在抖音上看到母校学弟学妹们徒步 108 里，他便给初中同学打电话，今年距他们当年徒步祭英烈已经过去了 15 年。

15 年来，徒步任山河的精气神深深地影响着高强，激励着他不断坚持、进步。2013 年，高强考入天津大学，但因为种种原因没能选上

心仪的专业，转而学习化工专业。虽然有些遗憾，但高强没有就此沉沦，始终相信自己能够在某一个领域作出属于自己的成绩。

上大学期间，高强往返于图书馆和自习室，努力向老师和同学求教，不断缩小与周围同学的差距。研究生毕业后，高强如愿考上了清华大学的博士研究生。在这所中国顶尖的高等学府，除了初来时短暂的光鲜与亮丽，更多的则是繁重的科研任务与沉重的压力。科研工作中"成功是一时的，而失败才是常态"。一项有价值的科研成果往往需要经历无数次的失败与尝试，高强从博士研究生第二年开始，整天泡在实验室里，提升实验技能、完善实验设计、学习理论计算，反复试验、反复推敲论证。

在这个过程中，高强经历了无数次的失败、无数次的打击和无数次的自我怀疑。每当这个时候，他总能想起当年徒步任山河的经历，然后打起精神，投入新一轮的实验论证……

人生没有坦途。"徒步任山河"激励固原一代代学子克服人生路上的一个又一个"黄崌山"，抵达理想的彼岸！

张辉：20 年前的 108 里

4 月 1 日，张辉在朋友圈刷到本报刊发的题为《54 公里往返 16 小时！固原学生徒步祭英烈用脚步丈量青春》的报道，便想起了同学们写在同学录里一句话——"108 里徒步任山河，是热血、是信仰"。

"108 这个数字，对于其他人来说，也许是一串普通的数字，而对于 2006 届固原市弘文中学毕业生来说却意义非凡。"张辉说，每当自

己想起"108"这个数字，一段深刻的记忆便涌入脑海。

20年前的清明节前夕，张辉还是弘文中学一名初一学生。"那时，大家只知道一年一度的清明节要徒步108里扫墓，希望这一天早点到来。"年少的张辉知道此次活动会磨炼自己的意志，简单地想着可以和同学们一起远行，为敬爱的烈士们扫墓，缅怀先烈。

徒步祭英烈活动在期盼中到来，2003年清明节前一天凌晨4时30分，张辉和同学在学校操场上集合完毕，一起踏上了108里的祭英烈征程。

"当我们摸黑爬上第一个山头时，天才麻麻亮，大家唱着歌，喊着调子前进。"上午11时，张辉和同学们到达任山河烈士陵园，为革命烈士敬献花篮、擦拭墓碑。

活动结束后，经过短暂休整，开始返程。"当时我的脚已经磨出好几个血泡，腿酸疼难忍。"张辉和其他男同学，帮班里女同学背书包，将带的水全部让给女同学喝。

"大家渴得没办法，就到河边捧起河水喝，河床上泛白的盐碱，把河水变成了苦咸水。"张辉和同学们互相搀扶，跌跌绊绊走到返校途中最后一个山头。"我感到了前所未有的疲惫，为了转移注意力，就想着雪山上的丰碑——军需处长、长征中的红军战士，诵读《清平乐·六盘山》，'天高云淡，望断南飞雁。不到长城

非好汉，屈指行程二万……'。"

终于走回学校，张辉等人没有庆祝，更多的是沉默，他们终于体会到和他们年纪相仿的小红军是多么的坚毅和勇敢，革命先辈的路是多少个108里才能走完，而自己的人生路不止108里。

张辉大学毕业后来到上海，在一家汽车企业从事自动变速箱的研发工作，造出了"中国芯"。该项目中有全国劳模、深耕变速箱领域的专家，以及刚刚工作两年的年轻工程师，每个人都在奋斗。

张辉作为项目管理者，面临着极大的压力，每天的工作和压力都像是一座座大山，脑力和体力总是透支着，但他一直坚持着，与时间赛跑，与技术难题斗争。最终，张辉带着团队按计划研发成功，完成投产，年产量达40万台，每年节省外部采购费用10多亿元，打破了国外的垄断。

"回首一次次克服困难，完成技术攻关，觉得又经历了一次108里的'长征'。"张辉说。

2021年，看到学弟学妹们冒着雨夹雪，徒步任山河祭英烈，张辉再次热泪盈眶。"不管在任何岗位，'108'这个数字永远刻在我心里。"张辉说。

（作者系宁夏日报记者）

壮行任山河

——29 年，每次往返 54 公里，3 万余师生接力徒步祭英烈

梁 丹 张 贺

5 月 15 日，宁夏固原市弘文中学，提起不久前参加的"徒步赴任山河烈士陵园祭英烈综合实践活动"，该校七年级（1）班的刘泽璋条件反射般地抬了抬脚，双手在腿上不断摩挲着。对这个体重基数有点大的男生而言，徒步往返走完这段 54 公里的路途并不容易：脚底磨了好几个水疱、腿也肿了，尤其是翻山时，他不止一次想过放弃。但让他总结一下这次活动时，刘泽璋脱口而出的是："值得！"

今年清明节前夕，这场行走在网上"火"了，吸引来大量围观和点赞。

人们不知道的是，从 1995 年至今，在固原市第二中学和弘文中学，这样的行走已经坚持了 29 年，累计 3 万余人参与。

29 年过去，当初途经的羊肠小道变宽了，参与的师生变多了，获得的社会关注和认可提高了，没变的，是活动的育人初心。

行走的力量——因为一段路，改变一座城

"走完 54 公里路很不容易，到最后，所有人的体力都快到极限了，娃娃们是靠着意志力坚持下来的。"从 2015 年起，固原市蓝天救援队副队长张勇每年都带队跟着师生往返一次任山河烈士陵园，行走中，孩子们顽强的毅力、不轻言放弃的精神让他印象深刻。

"野蛮"体魄、磨砺精神，这是 1995 年固原二中原校长韩宏发起这项行走活动时的重要目的。

固原是革命老区，红一、红二方面军曾在这里会师。也是在这里，毛泽东写下了"不到长城非好汉，屈指行程二万"的磅礴词句。能不能让学生也体验一下长途徒步的艰辛，在进行爱国主义教育的同时磨炼他们的意志和体魄？

经过反复思考和考察，韩宏把目光放到了距固原市城区 27 公里的任山河烈士陵园。那里安葬着 390 多位烈士，并且徒步路线在山岭中

起伏，具有一定的挑战性，能更好地模拟长征的艰险。

就这样，从1995年开始，固原二中（后初中部剥离成立弘文中学）的师生，每年都会在清明前夕从学校出发，一路走山道，跨清水河，翻黄峁山，往位于城区西南方向的任山河烈士陵园进发，在扫墓祭奠完成后，再徒步返回学校。

在固原二中校长何成江看来，29年间，这条路越走越"宽"，内涵越走越丰富。

"同学们，你们还记得徒步中自己是怎么上的黄峁山吗？"

"我们小组都走不动了，大家是排成一列，一个推着一个的后背走上去的！"

…………

最近，弘文中学七年级（4）班"道德与法治"课的课堂上，讲到怎么理解"我"和"我们"的关系这个问题时，教师马瑞把徒步任山河过程中的故事作为素材带入了课堂。

"一个人可以走得很快，但是一群人才能走得更远。"七年级（4）班学生张建辉说。

29年的时间里，学校不断从这条路上寻找、挖掘育人元素——结合行走开展学唱红色歌曲、读红色经典、讲红色故事等活动，进行生命教育、生态文明教育和爱国主义教育，把崎岖的山道变成"教材"，把一路所观所行所感转化为课堂上最好的情景素材。

29年的时间里，从学校单一主体的行走，到公安、蓝天救援队、医疗救护等多个单位、团体协同发力。如今，这条路上行走的力量越来越壮大。

"因为一段路，改变一座城。"今年，徒步归来的师生们受到了家长和市民的热烈欢迎。随队保障的固原市原州区人民医院急诊科医生勉国平对记者说，在徒步任山河活动的影响下，不少家长、企事业单位和社会组织也跟随着学生的脚步自发前往陵园祭奠，"清明徒步祭英烈已经成了固原的一道美丽风景"。

"在固原，经过29年坚持不懈的行走，这场徒步活动已经从最初的学校师生徒步祭扫实践活动，变成了校家社协同、社会各团体参与的红色教育'思政大课'，已经从最初家长有质疑、社会不理解，发展为全民关注、全网点赞的'网红'活动。"固原市教育工委专职副书记张国文说。

坚持的力量——只要是对学生成长有好处的事，就要做下去

"我们把跟在队伍后头的保障车叫'狗熊车'，能走的绝不上车。"看着眼前有点儿瘦弱、只有13岁的初一学生白静怡，记者很难想象她是靠着怎样的力量走完了全程。

"回程是最难的，同学和老师也劝我去车上休息一下，但别的同学都能坚持，我觉得自己也不能输。"提起那股力量，白静怡觉得那是属于少年的"血气、自尊心和好胜心"。

和白静怡一样，对参与徒步的大多数学生而言，走完这54公里路并非易事。而对于这项活动本身，"最关键的也在于坚持。"参与组织徒步任山河活动已经20多年的弘文中学校长任皓说。

在活动开展的第一个十年里，来自家长、社会的质疑声并不少。

"走100多里路太远了，娃娃的身子怕是受不了。""这么多的娃娃，出了什么安全事故咋办。""老师也得全程走吗，太累了吧。"……家长有担忧、社会有质疑、老师有情绪，学校校长都换了好几任，即便这样，徒步任山河活动还是顶着压力坚持了下来。

这种坚持的力量又从哪里来？

任皓没有直接回答，反而讲了一个故事。那是一次格外艰难的徒步祭奠，天气恶劣，雨雪交加，跟在队伍里的任皓看到，因为道路湿滑，一个小姑娘摔了好几跤，原本干净的校服上满是泥泞。"本来她用手撑一下就不会摔了，但我看她的拳头攥得紧紧的，好像握着什么。"在烈士陵园，任皓的疑惑有了答案——小姑娘摊开手，一朵她亲手制作的小白花干净无瑕地被放在了烈士墓碑前。

行走20多年，在任皓看来，在这条徒步路上，学生们总是在自我教育，甚至反过头来激励着教师们。

在这条路上，教师们看到，一位陪女儿徒步的父亲走不动了，女儿停了下来，搀扶着爸爸，鼓励他加油继续；他们看到，连翻两座山后，站在刻着"革命烈士永垂不朽"的纪念碑前，站在100多个没有姓名的无字墓碑前，少年们红了的眼眶和鞠躬时深深弯下去的脊背……

"作为教育工作者，只要是对学生成长有好处的事，就要做下去。"任皓的这句话说得质朴又坚定。

学生们的改变不仅被教师们看到，也被家长和社会观察到。

"我家娃娃以前早起很困难，喊她起床就有气，现在她到点就能起，再也没喊过苦和累。""我家的是遇到挫折容易放弃，之前学舞蹈、学书法都没坚持下来，现在她的韧性强多了。"……采访中，谈起孩子参加徒步任山河活动前后的变化，家长们有说不完的话。

尽管已经过去了16年之久，对于清华大学核能与新能源技术研究院博士生高强而言，那场徒步仍历历在目。"每个班都有一个举旗手，我还记得，快到陵园时，大家都坚持不住了，旗子也摇摇晃晃的，但很快就会有人顶上来举好旗子，一个替一个。"

高强感到，徒步任山河活动给自己注入的那种精神好像还一直留在身体里，"它让我知道如何面对困难和失败，明白要一直怀有信心和勇气。这段经历已经融入了我的生命，会持久地给我力量。"

传承的力量——走好红色教育新的"长征"路

"一路走下来，学生的身体状况普遍如何？""徒步活动一年一次，怎么拓展活动的内涵和影响？"……面对记者的问题，何成江不无自豪地说，经过29年的实践，徒步百里祭英烈已经从活动走向了课程，不仅注重打造"行走的思政课"，引导学生在走中学、在行中悟，还不断完善课程设计，增强科学性和系统性，持续发挥徒步祭英烈活动实践育人、活动育人、综合育人、协同育人的价值。

固原二中学生处主任妥成山介绍，从出发前一个多月起，学校上下就为徒步任山河活动做着准备，首先就是体能训练。"通过利用早操、大

课间、体育课等逐步加大训练量和训练强度，基本能把我们的体能往上带一带，不至于一走就掉队。"高一（2）班学生袁瑞说。

在弘文中学，同样的加练也在学校田径场上进行着。从30分钟持续匀速走、12分钟变速跑，到高抬腿跑、侧身跑、后蹬跑，再到抱头深蹲、蛙跳、300米负重跑，学校学生处负责人殷万香说，针对初一学生年纪小、体能普遍较弱的特点，学校从开学之初就开始加强学生体能训练安排，并将加强体育锻炼作为学校常态化的工作要求。

"普遍来看，往返54公里路后，学生虽然累，但恢复得也快，第二天大部分都还能正常上早操。"妥成山说。

今年，作为自治区思政课名师工作室主持人，戴维毅和全区39名思政课名师一起参与了徒步任山河活动。走完一趟下来，和其他思政教师一样，戴维毅深有感触："以红色文化资源讲解为例，过去，我们在课堂上讲意义讲理论多，但是通过这种参与式、体验式的活动，学生才能对红色文化的理解更深刻，那些道理才能更深地往学生的心里去，思政课教师的信心和底气也才能更足。"

如今，从徒步任山河活动生发，固原正在探索培育出更多"行走的思政课"育人品牌。将台堡红军长征会师纪念碑、六盘山红军长征纪念馆、青石嘴战斗纪念碑、老龙潭革命烈士纪念亭、长城梁烈士陵园等一处处红色资源"活"了起来，成了当地中小学开展思政教育最生动的教材。

"29年的行走，走的是磨炼，传承的是红色精神。"张国文介绍，下一步，固原市将立足本地深厚的红色文化资源，进一步丰富学校实践课程资源，鼓励形成一批导向鲜明、思想深刻、内容丰富、形式活泼的思政课实践教学和现场教学课程，做好固原"行走的思政课"品牌，"在红色教育新的'长征'路上，不断走出深度、厚度和长度"。

（《中国教育报》2024年5月20日）

后记

　　"行走的思政课"是一场穿越时空的旅程，它起源于我们对素质教育的思考和对先烈的怀念。29年前，我们踏上这片红色的土地，带着一颗敬畏之心，开始了一段段难忘的旅程。这段旅程，让我们亲身感受到中国共产党领导下的新中国是如何从艰难困苦中走向辉煌。它不仅是一次身体的旅行，更是一次心灵的洗礼，一次思想的升华。

　　29年来，行走的思政课一直让革命精神不断传承。从井冈山到瑞金，从延安到西柏坡，我们追寻过无数革命先辈的足迹，聆听过他们的故事，感受着他们的精神。每一次行走，都是一次对历史的深入挖掘，对革命精神的弘扬。

　　在这29年中，我们见证了一代代年轻人的成长。他们通过行走的思政课，了解了党的历史，接受了革命传统教育，激发了爱国情怀。同时这堂行走的思政课，逐步演变成一部活生生的历史教材。

　　回忆起这些年走过的路程，许多点滴的瞬间仍然历历在目。每次活动后，孩子们写下的文章虽语言朴实无华，但他们的精神却深深地打动了我们。每一次百里壮行活动，孩子们都会在克服困难的历程中感悟革命胜利的来之不易，珍惜现在的美好生活成了他们共同的心语。

　　"行走的思政课"不仅对个人的成长有着重要的影响，也对社会有着深远的影响。通过这堂课，学生能够更好地理解党的历史，更加坚定对党的信念。同时，"行走的思政课"也激发了孩子们对国家的历史文化自豪感，增强了文化凝聚力。

　　展望未来，我们相信"行走的思政课"将会更加深入人心。随着社会的发展，思政课的形式和内容也会不断创新，更加贴近现代人的生活

需求，让更多的人参与其中。

这本画册，是弘文中学29年"行走的思政课"的见证，也是我们对中国革命历史的致敬。我们希望，通过这本画册，能够将"行走的思政课"的故事传递给更多的人，让更多的人感受到红色之旅的魅力，受到革命精神的洗礼。

朱满玲老师为本书提供了珍贵的老照片，其余照片均由宁夏摄影家协会会员、固原市摄影家协会理事王毅老师拍摄。人民日报社、人民网宁夏频道、中国教育报社、宁夏日报社、固原融媒体中心等单位和个人对本书文稿进行了授权，宁夏人民出版社编辑为本书的出版付出了努力，在此一并表示感谢。

这将是一场永不落幕的旅程。我们的使命，就是将这场旅程进行到底，让革命精神代代相传。

江山如此多娇，引无数英雄竞折腰。